AF382912

MIKHAÏL GORBATCHEV

De la glasnost à la fin de la guerre froide

Par Véronique Van Driessche

50MINUTES.fr

MIKHAÏL SERGUEÏEVITCH GORBATCHEV

- **Naissance ?** Le 2 mars 1931 à Privolnoïe, dans le territoire de Stavropol (république socialiste fédérative soviétique de Russie).
- **Durée du mandat ?** Du 11 mars 1985 au 25 décembre 1991.
- **Apports majeurs ?**
  - La fin de la guerre froide (1945-1990) et de la division Est-Ouest.
  - La fin des régimes communistes en Europe de l'Est.
  - La dissolution de l'URSS (1990-1991).
  - L'ouverture à l'Occident et à la démocratie.

Lorsqu'il est nommé secrétaire général du Parti communiste d'Union soviétique (PCUS), ce qui fait de lui le – dernier – dirigeant effectif de l'URSS, Mikhaïl Gorbatchev sait qu'il va devoir opérer des changements radicaux s'il veut sortir l'Union soviétique de l'impasse dans laquelle elle s'est engagée. Son action sera toutefois plus large, et ses décisions impacteront durablement l'histoire de la Russie, celle de l'Europe, du communisme et même de la guerre froide. Il révolutionnera l'ordre mondial tel qu'on le connaît depuis 1945, et le modèle soviétique en place depuis 1922.

S'il reste l'un des dirigeants du XXe siècle les moins aimés des Russes, les Occidentaux le considèrent comme un héros, et l'ont récompensé du prix Nobel de la paix en 1990 pour avoir mis fin à la guerre froide, après l'avoir élu homme de l'année, puis de la décennie, en 1987 et 1989. Gorbatchev a ainsi suscité une véritable « gorbymania » aux États-Unis. Le monde ne peut en effet oublier qu'il s'est efforcé de démocratiser le communisme, qu'il a fait libérer des milliers de dissidents, qu'il a rendu leur indépendance aux pays du bloc de l'Est, qu'il a opéré un rapprochement avec l'Occident et obtenu la réduction bilatérale des armements nucléaires et chimiques, signant la fin de la guerre froide. Son influence sur le cours de l'histoire est donc indéniable et d'une importance capitale.

BIOGRAPHIE

DES ORIGINES MODESTES

Mikhaïl Sergueïevitch Gorbatchev est né le 2 mars 1931 à Privolnoïe, un village du territoire de Stavropol, dans le Sud de la république socialiste fédérative soviétique de Russie, au pied des montagnes du Caucase.

Il vient d'une famille d'agriculteurs. Ses parents, Sergueï Andreïevitch Gorbatchev (1909-1976) et Maria Panteleievna Gopkalo (1911-1993), travaillent dans un kolkhoze (exploitation agricole au sein de laquelle les moyens de production sont collectivisés). Sous Staline (homme d'État soviétique, 1878-1953), son grand-père maternel avait été envoyé aux travaux forcés, en 1934, parce qu'il refusait la collectivisation des terres et était suspecté de sabotage, tandis que son grand-père maternel avait été arrêté et emprisonné en 1937-1938, car on le soupçonnait d'être à l'origine d'une organisation secrète.

UNE JEUNESSE PASSÉE DANS LES CHAMPS

Pendant l'occupation allemande (août 1942-janvier 1943), le jeune Mikhaïl doit travailler aux champs pour nourrir son village ; sa famille manquant cruellement d'argent, il ne reprend sa scolarité qu'à la rentrée de 1944. Par la suite, il consacre son temps libre aux travaux agricoles, et à l'âge de 17 ans, se voit récompensé de l'ordre du Drapeau rouge du travail pour son excellent rendement comme conducteur de moisson-neuses-batteuses, ce qui lui permet d'envisager des études universitaires. Depuis l'âge de 14 ans, il est membre du Komsomol, la Ligue de la jeu-nesse communiste.

Il termine l'école secondaire en 1950, à 19 ans. Jusqu'en 1955, il étudie le droit à Moscou, dans la prestigieuse université de Lomonossov (MGU). Durant cette période, il adhère au mouvement des étudiants du parti communiste, puis entre au PCUS en 1952. C'est également à Moscou qu'il rencontre Raïssa Titarenko (1932-1999), qui étudie la philosophie et la sociologie, et qu'il épouse en 1953, avant la fin de leurs études. Leur fille unique, Irina, naît quatre ans plus tard.

UN DÉBUT DE CARRIÈRE SOUS DE BONS AUSPICES

De retour dans sa région natale, il mène une carrière d'*apparatchik* (« membre salarié à temps plein ») au sein de la section locale du parti communiste. Entre 1964 et 1967, il étudie à la faculté d'économie de l'institut d'agronomie de Stavropol. C'est à cette époque qu'il rencontre Iouri Andropov (1914-1984), alors chef du KGB (le service de renseignements soviétique), qui l'apprécie et fait accélérer sa carrière.

De 1970 à 1978, il dirige le Comité régional du PCUS à Stavropol. En 1971, à l'âge de 40 ans, il devient membre du Comité central du parti.

En 1978, il est nommé secrétaire du Comité central en charge de l'agriculture et part vivre à Moscou avec sa famille. Le 21 octobre 1980, alors qu'il n'a que 49 ans, il devient membre titulaire du Politburo (le bureau politique du Comité central du Parti communiste soviétique).

À la mort de Leonid Brejnev (1906-1982), il soutient la candidature de son mentor Iouri Andropov au poste de secrétaire général du PCUS et s'occupe, sous son mandat, de l'économie et du travail. Sous le dirigeant suivant, Konstantin Tchernenko (1911-1985), qui arrive au pouvoir très malade, il devient le numéro deux du parti, l'adjoint du secrétaire général, qu'il remplace souvent aux séances du Politburo, ce qui lui vaut le surnom de « secrétaire général bis ». En tant que président de la commission des Affaires étrangères du Soviet de l'Union, il fait ses premiers pas sur la scène internationale, étonnant ses interlocuteurs par son ouverture d'esprit et sa décontraction.

DIRIGEANT DE L'URSS

Le 11 mars 1985, au lendemain de la mort de Tchernenko, Mikhaïl Gorbatchev devient le sixième secrétaire général du parti. À 54 ans, il représente une nouvelle génération de politiciens et inspire confiance et espoir, deux qualités nécessaires vu le gouffre dans lequel est plongée l'Union soviétique. Il engage un programme de réformes profondes et d'ouverture à l'Occident.

En octobre 1988, il est nommé président du Præsidium du Soviet suprême (l'autorité suprême de l'État). Un an plus tard, il organise les premières élections libres en URSS. La même année, il met fin à la guerre froide et participe à la réunification de l'Allemagne. En mars 1990, il est élu président de l'URSS pour cinq ans, mais l'économie du pays est au plus bas et les nationalismes se réveillent dans les Républiques soviétiques, qui réclament la fin de la dictature communiste. En 1991, suite à un coup d'État perpétré par des communistes conservateurs (18-21 août), il démissionne de son poste de secrétaire général du parti, puis, le 25 décembre, de son poste de président de l'URSS. L'Union soviétique disparaît avec lui.

APRÈS L'URSS

Après la chute de l'URSS, Gorbatchev se tourne vers l'écologie et la défense de la paix. En 1993, il fonde la Croix verte internationale, une organisation à but environnemental dont la mission est d'assurer un avenir durable à toutes les populations du monde. Le 12 mars 2012, à l'âge de 81 ans, il intervient lors de l'ouverture du sixième forum mondial de l'eau, devant les délégués de 140 pays. Il se dit favorable à la création d'un tribunal international qui serait « chargé de juger ceux qui sont coupables de crimes écologiques, aussi bien des chefs d'entreprise que des chefs d'État ou de gouvernement » (propos recueillis par Anne-Sophie Mercier et Martine Valo, « Gorbatchev plaide pour un tribunal écologique mondiale », in *Le Monde*, 13 mars 2002).

Il n'abandonne pas pour autant le monde politique. Après s'être présenté en 1996 comme candidat à l'élection présidentielle de la Fédération de Russie – au terme de laquelle il obtient moins de 1 % des voix –, il fonde en 2001 le Parti social-démocrate de Russie – duquel il démissionne en 2004 – puis, en 2008, le Parti démocratique indépendant de Russie, avec le milliardaire Alexandre Lebedev (né en 1959). En 2011, il cherche à fonder un nouveau Parti social-démocrate de Russie, mais n'en obtient pas l'autorisation.

Il se présente aujourd'hui comme un fervent critique du régime russe incarné par Vladimir Poutine (né en 1952), dont il n'apprécie guère l'autoritarisme intérieur, mais dont il défend cependant la position dans la crise ukrainienne (en 2014-2015, la Russie revendique la possession de la Crimée, rattachée à l'Ukraine).

L'URSS, 79 ANS D'HISTOIRE

LA NAISSANCE DE L'UNION SOVIÉTIQUE

Après la chute du tsarisme (le pouvoir passe aux mains des bourgeois) et la révolution d'Octobre (le pouvoir passe aux mains de soviets représentant les ouvriers et les paysans) en 1917, dans le contexte de la Première Guerre mondiale (1914-1918) puis d'une guerre civile qui se poursuit jusqu'en 1920, la république socialiste fédérative soviétique de Russie (RSFSR), premier État communiste de l'histoire, se met en place sous la direction de Lénine (1870-1924) et du Parti bolchevik, renommé parti communiste en 1918. Le mot d'ordre est la dictature du prolétariat (la main-d'œuvre, selon la doctrine marxiste), qui implique le partage des terres entre les paysans et le contrôle des ouvriers sur les usines.

Le pays est gouverné par un Præsidium du Soviet suprême, dont le président est le chef théorique de l'État, et par un Conseil des commissaires du peuple, formant le Gouvernement. Derrière tout cela règne le parti communiste, dirigé par le Comité central, dont l'organe suprême est le Bureau politique (Politburo), et dont le secrétaire général est le chef effectif de l'État.

Après avoir imposé un « communisme de guerre » (nationalisation du commerce, des banques, de l'industrie et même de l'artisanat), Lénine est contraint d'assouplir le régime : sa Nouvelle économie politique (NEP) marque, en 1921, un retour limité au capitalisme de marché, destiné à relever l'économie soviétique.

L'Union des Républiques socialistes soviétiques (URSS) est créée le 30 décembre 1922. Cette fédération de la Russie, de l'Ukraine, de la Biélorussie et de la Transcaucasie (comprenant l'Arménie, la Géorgie et l'Azerbaïdjan) regroupera au total 15 Républiques.

LA TOUTE-PUISSANCE DE STALINE

Lénine meurt en 1924 et le brutal Joseph Vissarionovitch Djougachvili, connu sous le nom de Staline, lui succède à la tête de l'État. Tirant parti

de sa puissante police politique et de la bureau-
cratisation qui se développe largement, il réussit
à imposer pendant plus d'un quart de siècle un
pouvoir absolu, n'hésitant pas à mettre en place
un véritable culte de sa personne.

Il nationalise toutes les terres agricoles, qu'il
organise en kolkhozes et sovkhozes, d'immenses
fermes appartenant à l'État : c'est la collectivisation. Ceux qui s'y opposent sont envoyés au
goulag (camp de travail forcé), créé en 1930. Il
nationalise également toutes les entreprises et
introduit, à partir de 1928, des plans quinquen-
naux qui assignent à chacune d'elles des objectifs
de production précis, toujours plus élevés, pour
les cinq années à venir. L'URSS devient ainsi la
troisième puissance industrielle mondiale, en
privilégiant l'industrie lourde (sidérurgie, armement et énergie) au détriment de sa population
et des biens de consommation, et au prix d'im-
portants dysfonctionnements (gaspillage des
ressources, travaux bâclés, etc.).

Entre 1934 et 1938, Staline se débarrasse définiti-
vement de tous ses opposants, ainsi que des mé-
contents du régime. C'est la période des grandes
purges, également appelée la grande terreur

qui voit des centaines de milliers de personnes exécutées ou déportées.

L'URSS DANS LA SECONDE GUERRE MONDIALE

Le 23 août 1939, Staline, qui n'est pas parvenu à s'allier avec les démocraties européennes, signe avec Adolf Hitler (1889-1945) un traité de non-agression entre l'Allemagne et l'Union soviétique. Le 22 juin 1941, cependant, la *Wehrmacht* (l'armée allemande) lance une attaque violente contre la Russie, et se trouve aux portes de Moscou à l'automne 1941. Mais l'hiver russe sauve la situation. En mai 1942, la seconde offensive allemande et la bataille de Stalingrad, qui se termine par la première victoire soviétique (hiver 1942-1943), marquent un tournant important dans le cours de la guerre, ce qui permet à l'Armée rouge de lancer la contre-offensive et de reprendre du terrain aux Allemands, jusqu'à leur capitulation le 8 mai 1945.

Au sortir de la guerre, les États-Unis et l'Union soviétique, pourtant alliés contre l'Allemagne nazie, s'opposent et créent deux alliances, l'OTAN

(1949), qui réunit les démocraties occidentales (les États-Unis, le Canada, la Belgique, la France, le Luxembourg, les Pays-Bas, le Royaume-Uni, le Danemark, l'Italie, la Norvège et l'Islande), et le Pacte de Varsovie (1955), signé par la plupart des États du bloc communiste (l'URSS, l'Albanie, la Roumanie, la Bulgarie, la Hongrie, la Pologne, la Tchécoslovaquie et la République démocratique allemande).

LA GUERRE FROIDE

Pendant près de 50 ans, le monde doit se partager entre ces deux superpuissances et leurs idéologies opposées, communisme contre capitalisme. L'Europe est le principal enjeu de leur rivalité, qui s'étend par ailleurs à toute la planète.

Lorsque Staline meurt le 5 mars 1953, on espère un adoucissement du régime, qui semble se confirmer en 1956, lorsque son successeur, Nikita Khrouchtchev (1894-1971), condamne le système de répression, la bureaucratie et le culte de la personnalité mis en place par l'ancien dirigeant de l'URSS : c'est le début de la déstalinisation. La répression par l'Armée rouge du soulèvement de Budapest, en novembre, montre cependant que cet adoucissement n'est que relatif. En outre, la course à l'espace et aux armements commence dès 1957, avec la mise en orbite de Spoutnik, le premier satellite artificiel, qui donne l'avantage aux Soviétiques, puis l'envoi du premier homme dans l'espace en 1961, Youri Gagarine (1934-1968). En réponse, le président américain John Fitzgerald Kennedy (1917-1963) lance le programme lunaire, sous l'égide de l'Administration nationale de l'aéronautique et de l'espace (NASA).

La construction du mur de Berlin le 13 août de cette même année accroît les tensions entre l'Est et l'Ouest, qui atteignent leur apogée en octobre 1962, avec l'affaire des missiles installés à Cuba par l'URSS et pointés sur les États-Unis. L'affrontement nucléaire n'a jamais été aussi proche, et on réalise la nécessité de mettre en place des accords de désarmement : c'est le début de la détente.

L'ÈRE BREJNEV

En 1964, Leonid Brejnev remplace Khrouchtchev, dont les résultats n'ont pas été satisfaisants, à la tête du parti communiste. Le nouveau dirigeant plonge peu à peu le pays dans un état de stagnation et d'immobilisme politique, noyé dans la bureaucratie et l'alcool. Toute dissidence ou critique du socialisme est rapidement étouffée.

À l'égard du bloc communiste, Brejnev affirme la non-souveraineté des pays satellites : c'est la doctrine Brejnev, qui se traduit en avril 1968 par la répression du Printemps de Prague, une tentative de libéralisation en Tchécoslovaquie. Par ailleurs, en programmant le déploiement de missiles nucléaires SS-20 de moyenne portée en Europe de l'Est en 1977, puis l'invasion de l'Afghanistan par l'Armée rouge pour y soutenir le régime communiste en 1979, il met fin à la détente et relance la course à l'armement.

L'Occident répond par l'installation de missiles américains Pershing 2 et de missiles de croisière en Europe occidentale. En mars 1983, Ronald Reagan (1911-2004), élu président des États-Unis en 1980, lance le projet « Guerre des étoiles » (ou projet SDI, Initiative de défense stratégique), destiné à créer au-dessus du territoire américain un bouclier spatial inviolable contre les missiles nucléaires soviétiques. L'URSS, qui consacre déjà une énorme partie de son budget à l'armement, ne pourra jamais suivre.

Le bilan économique est en effet catastrophique. Le modèle soviétique a atteint ses limites dans les années 1960-1970 : la croissance ralentit, la productivité du travail et les capitaux stagnent, les pénuries augmentent, le niveau de vie est en baisse. En outre, le travail au noir, l'économie parallèle et la corruption sont omniprésents.

Lorsqu'à la fin des années soixante-dix, le KGB fait évaluer le PNB soviétique en valeur ajoutée (valeur de la quantité produite) selon les critères occidentaux, et non plus en volume (quantité produite) selon les critères socialistes, pour ainsi dresser une image réelle de la situation écono-mique, l'URSS se voit dépassée par le Japon et bientôt par l'Allemagne de l'Ouest (RFA), alors que la Chine, qui a depuis 1978 entrepris une révolution économique rétablissant les règles capitalistes de l'économie de marché, montre un grand dynamisme. Cette enquête sera à l'origine des réformes lancées par Gorbatchev.

Sur le plan international, la situation n'est guère plus brillante. L'Union soviétique perd des alliés, car le communisme séduit de moins en moins, et les pays du bloc de l'Est commencent à remettre en cause les régimes totalitaires, réclamant leur liberté. C'est le cas de la Pologne notamment, en 1979, sous la gouverne de Lech Walesa (né en 1943) et de son syndicat libre Solidarność.

DES DIRIGEANTS TROP ÂGÉS

L'immobilisme de l'URSS sous Brejnev se traduit notamment par le non-remplacement des hommes politiques, qui restent indéfiniment à leur poste. Au début des années quatre-vingt, le pouvoir en URSS est essentiellement aux mains de septuagénaires, au point que l'on parle de gérontocratie.

Brejnev meurt le 10 novembre 1982. Iouri Andropov, l'ancien chef du KGB, lui succède à la tête du parti. Conscient de l'état déplorable dans lequel le pays se trouve, il commence par écarter des postes-clés les anciens membres de l'équipe Brejnev, qui sont accusés d'incompétence et poursuivis pour corruption. Il tente par ailleurs de reprendre le dialogue avec les États-Unis. Mais, d'un âge avancé, il finit par tomber malade et par s'éteindre le 9 février 1984.

Le dirigeant suivant, Konstantin Tchernenko, plus âgé encore et gravement malade, meurt le 10 mars 1985. On choisit son adjoint au secrétariat général du parti, Mikhaïl Gorbatchev, un jeune quinquagénaire, pour le remplacer.

TEMPS FORTS

LES NOUVEAUX MOTS D'ORDRE : *GLASNOST* ET *PERESTROÏKA*

Le 11 mars 1985, Gorbatchev est élu secrétaire général du parti, tandis qu'Andreï Gromyko (1909-1989) devient le président du Præsidium du Soviet suprême. À 54 ans, dynamique et proche des gens, Gorbatchev représente la nouvelle génération des dirigeants politiques, formés après la déstalinisation de 1956.

Il sait que la crise est économique, mais aussi morale et sociale, et que l'on ne pourra la résoudre qu'en modifiant complètement le système soviétique, en le modernisant et en le libéralisant. Sa première réforme – une série de mesures prises contre l'alcoolisme – traduit son souhait de réveiller le peuple pour l'impliquer davantage dans la vie politique et économique du pays.

Il lance ensuite son imposant projet de « restructuration », la *perestroïka*, qui répondra aux problèmes économiques, sociaux, administratifs, institutionnels et politiques : c'est une réforme globale, multiforme et complexe. L'objectif est de démocratiser le régime communiste sans pour autant lui faire perdre ses fondements.

Comme il ne peut y avoir d'évolution vers la démocratie sans qu'une certaine liberté d'expression et d'information soit offerte à la population, Gorbatchev introduit en parallèle le principe de « transparence », la *glasnost*. La censure doit être abolie, la presse libérée, les anciens dissidents réhabilités, les organisations politiques d'opposition et les manifestations autorisées. Ce volet de sa politique, qui à l'origine de la révélation de nombreux secrets, sert aussi d'arme de propagande contre les conservateurs qui refuseraient le changement arguant que tout va bien, ou encore d'aide dans la lutte contre la corruption et les privilèges, et fournit aux Occidentaux sceptiques une preuve de bonne foi.

LA LIBÉRALISATION POLITIQUE

Dès son arrivée au pouvoir, Gorbatchev annonce son souhait de rénover les structures de l'État soviétique et du parti communiste. Dans les premiers mois, il s'entoure d'un groupe de réformateurs qui commencent à placer leurs hommes au sein de l'appareil politique. En 1986 et 1987, il comprend qu'il faut accélérer le processus démocratique pour impliquer les citoyens, afin que les communistes conservateurs n'enterrent pas ses réformes. Il veut séparer l'appareil d'État du parti, tout en faisant en sorte que ce dernier conserve son rôle directeur. Il pense ainsi pouvoir sauvegarder le système en le réformant. Il devra y renoncer.

Le 1er octobre 1988, il se fait élire président du Præsidium du Soviet suprême à la place de Gromyko. Ce poste lui est en effet nécessaire afin de promulguer des amendements constitutionnels, et donc d'effectuer ses réformes politiques en toute légalité.

En décembre de la même année, il engage sa première réforme constitutionnelle qui aboutit, au printemps 1989 (26 mars-23 mai), à la création d'un Congrès des députés du peuple, dont les deux tiers sont élus, pour la première fois, selon la formule des élections libres, c'est-à-dire au scrutin secret sur candidature multiple. Cette nouvelle assemblée législative sera l'organe principal du gouvernement de l'URSS jusqu'en 1991.

L'appareil étatique et le parti sont désormais séparés.

En mai 1989, une réforme constitutionnelle est à l'origine de la création d'un poste de président du Soviet suprême d'URSS, qui est cette fois associé à de réelles fonctions de chef de l'État. Gorbatchev s'y fait élire le 25 mai 1989 par le Congrès des députés du peuple. Il cumule alors les postes de secrétaire général du parti et de chef de l'État, ce qui fait de lui le représentant du parti et de l'appareil étatique.

Lors du troisième congrès extraordinaire des députés du peuple d'URSS (12-15 mars 1990), le rôle de dirigeant du Parti communiste est officiellement aboli. Au cours de ce même congrès, la fonction de président de l'URSS est créée. Gorbatchev est élu à ce poste pour cinq ans.

LA LIBÉRALISATION ÉCONOMIQUE

La *perestroïka* implique de grands changements dans le système économique du pays, jusqu'alors entièrement planifié, centralisé et contrôlé par l'État. Gorbatchev veut le libéraliser en introduisant progressivement une économie de marché et en donnant une plus grande autonomie aux entreprises. Il cherche à mettre en place une économie mixte dans laquelle le secteur d'État, qui resterait dominant, serait à la fois soulagé dans ses dépenses et dynamisé par un secteur privé coopératif, dans l'agriculture et les services.

Les années 1986-1988 voient l'adoption d'une série de lois et d'arrêtés concernant les entreprises d'État, les modalités du commerce international, la réorganisation de l'administration économique et les principes de fonctionnement des marchés. Ces réformes paraissent toutefois incomplètes : les fondements majeurs du régime, la dictature du prolétariat et la propriété étatique des moyens de production ne sont en effet pas remis en cause. Gorbatchev est prisonnier d'un conservatisme qui l'empêche de se détacher complètement du communisme, de faire le grand saut comme certains de ses collaborateurs le lui conseillent. Il a du mal à accepter une évolution du rôle de l'État dans l'économie, du rôle des administrations centrales ainsi que du système des prix. En outre, ses réformes se heurtent à la résistance de la nomenklatura, les privilégiés du régime communiste, qui veulent à tout prix conserver leurs avantages.

Après les résultats prometteurs de 1986, la situation se dégrade deux ans plus tard. Les défauts de fonctionnement du système n'ont pas disparu, les entreprises peinent à être autonomes, le secteur privé coopératif rencontre d'importantes difficultés d'approvisionnement, la qualité des produits est toujours médiocre, la sous-productivité de l'agriculture persiste, de même que la pénurie des biens de consommation.

Le mécontentement social a tôt fait de s'exprimer au cours de grèves, désormais autorisées par la *glasnost*. On reproche à Gorbatchev d'avoir détruit le système de planification centralisée et de ne pas être parvenu à le remplacer par de véritables mécanismes de marché (il ne se décide pas à libérer les prix), créant de ce fait une situation intermédiaire intenable.

LE DÉSENGAGEMENT À L'ÉGARD DES ANCIENS SATELLITES DE L'URSS

Aux funérailles de son prédécesseur, Tchernenko, en 1985, Gorbatchev annonce que l'URSS a l'intention de respecter les principes d'égalité entre les États et de non-ingérence dans la politique intérieure des pays de l'Est, qui sont désormais responsables du bon fonctionnement de leurs institutions : c'est la fin de la doctrine Brejnev de non-souveraineté des États satellites. En 1987, en visite en Tchécoslovaquie, il réitère cette déclaration, et le fera à nouveau un an plus tard, devant les tribunes de l'ONU. Son auditoire reste pourtant sceptique jusqu'à la chute du mur de Berlin, symbole de l'Allemagne communiste, dans la nuit du 9 novembre 1989. L'absence de réaction du dirigeant soviétique donne le signal de déclenchement des révolutions qui se produisent, avant la fin de l'année, dans toute l'Europe de l'Est, où les mouvements démocratiques l'emportent sur le communisme.

ACHTUNG!
SIE VERLASSEN
WEST BERLIN

LE DÉSENGAGEMENT DANS LA GUERRE FROIDE ET LES CONFLITS INTERNATIONAUX

L'URSS doit absolument réduire les dépenses en armement qui freinent sa modernisation. Pour ce faire, il est nécessaire de l'alléger du poids très lourd de sa rivalité avec les États-Unis. Tout en participant aux réunions de la CSCE (conférence pour la sécurité et la coopération en Europe) pour normaliser ses relations avec l'Europe, Gorbatchev entame dès 1985 une série de rencontres au sommet avec son homologue américain, afin de négocier le désarmement des deux blocs.

Il faut attendre la rencontre de décembre 1987 à Washington pour qu'un premier accord soit conclu avec Ronald Reagan, portant sur l'élimination des armes terrestres à courte et à moyenne portée, les euromissiles : c'est le traité INF (Forces nucléaires intermédiaires).

Lors de la rencontre qui a lieu du 29 mai au 1er juin 1988, à Moscou, Gorbatchev signe avec George Bush père (né en 1924), élu président cette même année, des accords techniques sur les essais de missiles et les expériences atomiques. À Malte, au début du mois de décembre 1989, les deux chefs d'État déclarent qu'ils ne sont plus ennemis, mettant ainsi fin à 45 ans de guerre froide. La situation entre les deux grandes puissances continue de s'améliorer, et un nouvel accord est signé en mai-juin 1990 à Washington concernant cette fois la réduction et la destruction des armes chimiques. Un an plus tard, Gorbatchev et Bush signent le traité START (traité de réduction des armes stratégiques), qui prévoit la réduction de 30 % de leur armement nucléaire stratégique.

Parallèlement à ces accords, Gorbatchev désengage l'URSS de tous les conflits liés à la guerre froide et à l'expansion du communisme. Il programme ainsi le retrait progressif de l'Armée rouge d'Afghanistan (achevé en février 1989) ; il incite les Vietnamiens à évacuer le Cambodge (avril 1989) et les Cubains à se retirer d'Angola (août 1988) ; et cesse de soutenir les régimes communistes de Cuba, du Nicaragua et d'Éthiopie. Il normalise également ses relations avec Pékin (mai 1989) et reprend les relations diplomatiques avec Israël (septembre 1990). Enfin, il condamne l'invasion du Koweït par l'Irak, autrefois allié de l'URSS, et soutient les États-Unis dans la guerre du Golfe (août 1990-février 1991).

Entre 1989 et 1991, les régimes communistes s'effondrent en Europe de l'Est, et, en 1991, plusieurs pays annoncent leur sortie du Pacte de Varsovie, qui est dissous le 1er juillet. L'OTAN reste seule ; c'est la fin du monde bipolaire.

LA MONTÉE DES NATIONALISMES ET LA FIN DE L'URSS

En 1990, Gorbatchev doit faire face à un phénomène nouveau qui s'est rapidement développé, stimulé par les principes de libéralisation qu'il a lui-même mis en place : l'émergence des nationalismes. Depuis 1988, les Républiques soviétiques, jusqu'alors contraintes au silence et à la soumission, manifestent des revendications autonomistes ou séparatistes, à commencer par les Républiques baltes (Estonie, Lettonie et Lituanie), qui n'avaient jamais accepté leur intégration forcée à l'URSS en 1944. La Lituanie se déclare indépendante dès le 11 mars 1990, suivie de près par ses voisines. Le 23 août 1989, une chaîne humaine se crée entre Tallinn, Riga et Vilnius, capitales des trois pays baltes, afin de demander leur indépendance.

À la fin de l'année 1990, Gorbatchev, abandonné par les démocrates, se tourne vers les communistes conservateurs, renouvelle le Gouvernement et durcit pour un temps le régime, laissant l'armée soviétique réprimer durement les manifestations indépendantistes en

Lettonie et en Lituanie. Face aux réactions de la communauté internationale et des réformistes soviétiques, il revient à une position plus démocratique. Après avoir organisé un référendum le 17 mars 1991 sur le maintien de l'URSS dans un traité qui respecterait les aspirations nationales des Républiques, il prépare la constitution d'une nouvelle union d'États souverains. Le projet est publié fin juillet et prévu à la signature le 20 août.

Entre-temps, le 12 juin 1991, le démocrate Boris Ieltsine (1931-2007), opposé à Gorbatchev, est élu président de Russie, la plus grande des Républiques soviétiques, dont il proclame immédiatement l'indépendance. Moscou devient le siège de deux pouvoirs rivaux, l'URSS de Gorbatchev et la Russie de Ieltsine.

LE PUTSCH DE 1991

Le 15 juillet 1991, Gorbatchev assiste au sommet des pays les plus industrialisés à Londres, où il annonce son intention de passer à une économie de marché. Il la concrétise les 25 et 26 juillet lors du plénum du Comité central du PCUS, avec l'adoption du programme « Socialisme, démocratie et progrès ».

Ce nouveau coup porté au communisme motive les membres conservateurs du Gouvernement, soutenus par le KGB et l'armée, à tenter un coup d'État. Le 18 août 1991, à la veille de la signature du traité sur la nouvelle union, ils retiennent Gorbatchev dans sa résidence de Crimée, le déclarent inapte à gouverner, décrètent l'état d'urgence et font occuper Moscou par l'armée (500 chars sont déployés aux points stratégiques de la ville). Le président russe Ieltsine s'oppose aux putschistes, et le peuple, qui a pris goût à la liberté, le soutient, multipliant les manifestations. Après trois jours, la majorité des troupes envoyées à Moscou se rangent du côté des résistants, et les putschistes sont arrêtés. Gorbatchev revient à Moscou, mais il doit vite se rendre à l'évidence : il n'a plus aucun pouvoir. Le 23 août, Ieltsine suspend les activités du PCUS en Russie, puis dans l'ensemble du territoire de l'URSS ; le lendemain, Gorbatchev démissionne de son poste de secrétaire général du parti et le Soviet suprême se disloque. Le parti communiste, ciment de l'URSS, n'existe plus. Dans les jours qui suivent, huit Républiques soviétiques (le Turkménistan, l'Ukraine, la Biélorussie, la Moldavie, le Kazakhstan, l'Azerbaïdjan, l'Ouzbékistan et le Kirghizistan) déclarent leur indépendance.

Refusant de signer le traité de Gorbatchev sur l'Union soviétique, qu'ils déclarent dissoute, les dirigeants des trois pays fondateurs de l'URSS (la Biélorussie, l'Ukraine et la Russie) décident, le 8 décembre, de créer une Communauté des États indépendants (CÉI), que les autres Républiques (sauf la Géorgie et les pays Baltes) rejoignent quelques jours plus tard.

Ieltsine proclame que toutes les institutions soviétiques cesseront de fonctionner à la fin de l'année. Le 25 décembre 1991, à 19 heures, Gorbatchev annonce dans une interview télévisée qu'il démissionne de son poste de président de l'URSS. Il transmet à Ieltsine les codes de déclenchement de l'arme nucléaire, symboliques du pouvoir présidentiel : c'est la fin de l'Union soviétique.

RÉPERCUSSIONS

DE L'URSS À LA RUSSIE

L'Union soviétique n'existe plus. La Fédération de Russie, qui représente, en territoire, population et économie, la portion la plus importante de l'ex-URSS et qui reste le plus vaste pays du monde, prend sa succession, récupérant sa place dans la communauté internationale et héritant de ses dettes extérieures.

Le grand frère russe s'efforce de garder la mainmise sur les anciennes Républiques soviétiques, devenues de nouveaux États indépendants, qui constituent son étranger proche, et qui, pour beaucoup, continuent de dépendre économiquement de Moscou. Les nouveaux États postsoviétiques souhaiteraient cependant jouir d'une plus grande marge de liberté, et l'on assiste régulièrement à des réactions nationalistes à l'égard de la Russie (révolution des roses en Géorgie en 2003, révolution orange en Ukraine en 2004, révolution des tulipes en 2005 au Kirghizistan, etc.).

DE L'ÉCONOMIE PLANIFIÉE
À L'ÉCONOMIE DE MARCHÉ

En 1992, la décision est prise d'appliquer une thérapie de choc au système économique russe, qui passe sans transition au capitalisme (privatisation des entreprises) et à l'économie de marché (libéralisation des prix et du commerce extérieur). Ce changement radical crée un énorme chaos (les prix explosent, le chômage apparaît, le PIB se réduit de moitié), provoquant un effondrement massif de l'économie, qui aboutit à une crise financière majeure en 1998. Une importante partie de la population se retrouve sans travail et vit dans la misère, tandis qu'une poignée d'individus bien placés, les oligarques, s'enrichissent outrageusement, souvent de façon malhonnête.

Après le déclin des années quatre-vingt-dix, la Russie retrouve le chemin de la croissance grâce à des réformes économiques et sociales, mais surtout grâce au prix de plus en plus élevé des hydrocarbures (la Russie est riche en pétrole et en gaz naturel).

DU COMMUNISME À LA DÉMOCRATIE ?

En décembre 1993, sous la présidence de Boris Ieltsine, la Constitution de la Fédération de Russie est adoptée. Elle règle la répartition des compétences entre le président, le Gouvernement et le Parlement (la Douma), donnant les apparences d'un régime démocratique, mais avec un pouvoir de plus en plus important laissé au président. Les années Ieltsine sont des années de désordre économique et social, qui dégoûtent les Russes de la démocratie et les rendent nostalgiques d'un temps où travail, éducation et santé étaient assurés par l'État.

En 2000, Vladimir Poutine, issu du KGB, président de la Fédération de Russie jusqu'en 2008, réélu en 2012, veut restaurer un État fort. Il augmente alors le pouvoir présidentiel en renforçant le rôle de l'administration et en s'appuyant sur l'armée, la police et les services de renseignements. Il prône une idéologie nationaliste et un retour à la Russie des tsars, qui justifient ses ambitions expansionnistes. Il installe un autoritarisme électoral (pas de concurrence loyale entre l'autorité en place et l'opposition), réduit la liberté d'expression et d'action des médias et des ONG. Les espoirs démocratiques sont bien loin et on voit se développer une forme de pouvoir semi-autoritaire.

D'UN MONDE BIPOLAIRE À UN MONDE UNIPOLAIRE OU MULTIPOLAIRE ?

Avec la disparition de l'Empire soviétique, un « nouvel ordre mondial » – selon les termes de George Bush père dans un discours au Congrès, en 1990 – se met en place, dominé par les États-Unis qui, en tant que seule grande puissance mondiale, considèrent qu'il est de leur devoir de diffuser leur modèle de démocratie libérale et de veiller au maintien de la paix et du droit international, se positionnant dès lors comme les gendarmes du monde. Car si l'affrontement Est-Ouest est terminé, les risques de guerre n'en sont pas pour autant écartés, comme le démontrent la guerre du Golfe, l'éclatement de la Yougoslavie (1991-1995) et, depuis 2001, l'apparition d'une nouvelle forme de conflit, le terrorisme.

Après s'être efforcés dans un premier temps de maintenir le dialogue et la coopération avec leurs alliés en respectant l'autorité de l'ONU, les États-Unis s'orientent progressivement vers une politique de plus en plus individualiste et une gestion unilatérale des conflits internationaux. Mais, s'ils restent largement dominants en matière de puissance militaire, leur rayonnement mondial, qui détermine leur capacité d'influence et de persuasion sur le reste du monde (c'est ce qu'on appelle le *soft power*, « la puissance douce »), est en nette diminution. Le modèle américain doit désormais rivaliser avec les modèles proposés par des puissances émergentes telles que le Japon, l'Inde, la Chine ou encore l'Union européenne.

EN RÉSUMÉ

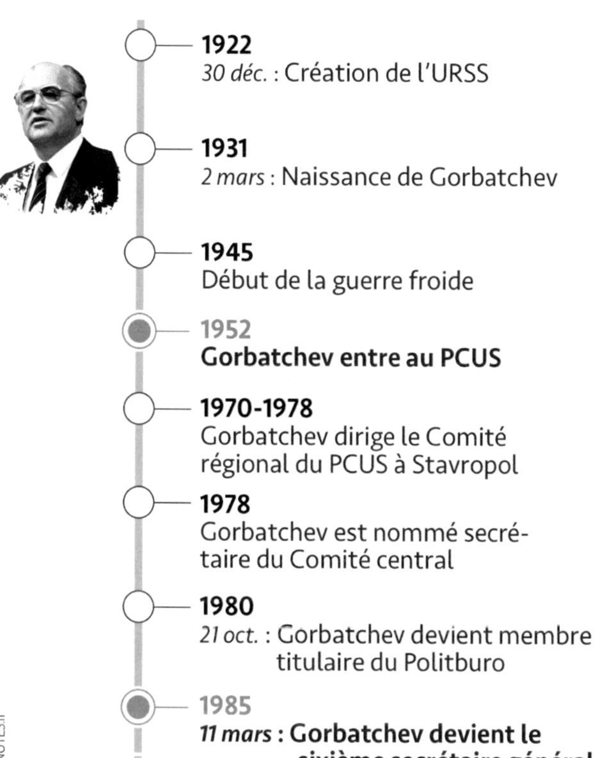

1922
30 déc. : Création de l'URSS

1931
2 mars : Naissance de Gorbatchev

1945
Début de la guerre froide

1952
Gorbatchev entre au PCUS

1970-1978
Gorbatchev dirige le Comité régional du PCUS à Stavropol

1978
Gorbatchev est nommé secrétaire du Comité central

1980
21 oct. : Gorbatchev devient membre titulaire du Politburo

1985
***11 mars* : Gorbatchev devient le sixième secrétaire général du parti**

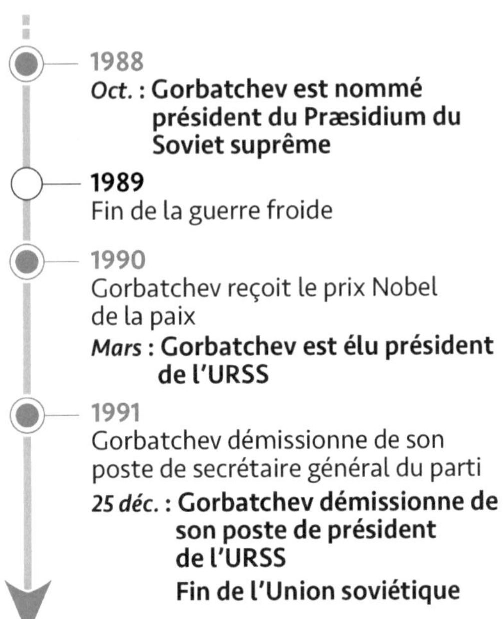

- Mikhaïl Gorbatchev naît en 1931, dans une URSS entièrement sous le pouvoir de son dirigeant Joseph Staline, qui impose un communisme autoritaire après avoir nationalisé en masse les terres agricoles (collectivisation) et les entreprises, auxquelles il assigne de rigoureux objectifs de production (planification). L'URSS se classe rapidement parmi les premières puissances industrielles mondiales et se construit un véritable empire après la Seconde Guerre mondiale, rivalisant avec les États-Unis dans la guerre froide. Cet apparent succès cache beaucoup de misère et de dysfonctionnements, qui iront en grandissant et mèneront le pays à sa perte.

- Jusqu'en 1955, Gorbatchev étudie le droit et l'agronomie. Il entame une carrière d'apparatchik et gravit rapidement les échelons au sein du parti communiste, d'abord dans sa région d'origine, puis à Moscou.

- En 1985, à seulement 54 ans, il devient le sixième dirigeant de l'URSS. La tâche qui l'attend est considérable, car l'Union soviétique est économiquement au bord du gouffre. Il sait qu'elle ne pourra survivre sans d'importantes réformes, tant politiques qu'économiques, qui lui permettront de s'ouvrir au monde. Il met en place la *perestroïka* (« restructuration » qui fait naître une certaine décentralisation) et la *glasnost* (« transparence » qui accorde la liberté d'expression), dans le but de démocratiser le système communiste. Par ailleurs, il se désengage de tous les conflits liés à la guerre froide et à l'expansion du communisme, afin de réduire les extravagantes dépenses militaires.

Cela ne suffit pas : la situation économique empire et les Républiques soviétiques, libérées par la *glasnost*, commencent à réclamer leur indépendance.

- Au cours de l'été 1991, des communistes conservateurs proches du Gouvernement tentent un coup d'État, qui échoue au bout de trois jours, mais laisse Gorbatchev sans aucune autorité face au nouveau dirigeant de la Russie, ex-république soviétique, Boris Ieltsine, qui décide de suspendre les activités du parti communiste, précipitant le démantèlement de l'Union soviétique. Gorbatchev démissionne de son poste de chef d'État le 25 décembre 1991.
- Récompensé par le prix Nobel de la paix en 1990 pour avoir mis fin à la guerre froide, Gorbatchev s'attache depuis lors à défendre la paix dans le monde et l'écologie (à travers la fondation de la Croix verte internationale).
- Ses tentatives de retour à la vie politique dans son pays sont des échecs, et il reste le dirigeant du XXe siècle le plus mal-aimé des Russes, alors qu'il est toujours écouté et respecté dans le reste du monde.

POUR ALLER PLUS LOIN

SOURCES BIBLIOGRAPHIQUES

- BERGERON (Gérard), *Finie, la guerre froide ?*, Sillery (Québec), Septentrion, 1992.

- DÉSERT (Myriam), « Gorbatchev Mikhaïl (1931-) », in *Encyclopædia Universalis*, consulté le 22 février 2015 http://www.universalis.fr/encyclopedie/mikhail-gorbatchev/

- FAVAREL-GARRIGUES (Gilles) et ROUSSELET (Kathy), *La Russie contemporaine*, Paris, Librairie Arthème Fayard, 2010.

- GORBATCHEV (Mikhaïl), *Le Putsch*, Paris, Olivier Orban, 1991.

- GORBATCHEV (Mikhaïl), *Perestroïka*, Paris, Flammarion, 1992.

- GORBATCHEV (Mikhaïl), *Avant-mémoires*, Paris, Odile Jacob, 1993.

- GORBATCHEV (Mikhaïl), *Mémoires*, Monaco, Éditions du Rocher, 1997.

- GORBATCHEV (Mikhaïl) et IKEDA (Daisaku), *Dialogue pour la paix*, Monaco, Éditions du Rocher, 2001.

- GORBATCHEV (Mikhaïl), *Mon manifeste pour la Terre*, Paris, Éditions du Relié, 2002.

- GRATCHEV (Andreï), *Le mystère Gorbatchev : la terre et le destin*, Monaco, Éditions du Rocher, 2001.

- GRATCHEV (Andreï), *Gorbatchev, le pari perdu ? De la perestroïka à l'implosion de l'URSS*, Paris, Armand Colin, coll. « Comprendre le monde », 2011.

- HEYRAUD (Henri), *La fin de la guerre froide : perspectives*, Lyon, Presses universitaires de Lyon, 1992.

- LECOMTE (Bernard), *Gorbatchev*, Paris, Perrin, 2014.

- MERCIER (Anne-Sophie) et VALO (Martine), « Gorbatchev plaide pour un tribunal écologique mondial », in *Le Monde*, 13 mars 2012.

- PERCHOC (Philippe), « Gorbatchev et la *perestroïka* : des objectifs initiaux aux conséquences inattendues », in *Nouvelle Europe*, consulté le 9 mars 2015. http://www.nouvelle-europe.eu/node/528

- PRYCE-JONES (David), La guerre qui n'a pas eu lieu : l'étrange agonie de l'Empire soviétique, 1985-1991, Paris, Grasset, 1996.

- REY (Marie-Pierre), BLUM (Alain), WILD (Gérard) et TINGUY (Anne de), Les Russes. De Gorbatchev à Poutine, Paris, Armand Colin, 2005.

- VAÏSSE (Maurice), Les relation internationales depuis 1945, Paris, Armand Colin, coll. « Cursus », 2002.

- Wert (Nicolas), Histoire de l'Union soviétique de Khrouchtchev à Gorbatchev, 1953-1955, Paris, PUF, coll. « Que sais-je ? », 2013.

FILMS ET DOCUMENTAIRES

- *Si loin, si proche !,* film de Wim Wenders, avec Peter Falk, Nastassja Kinski et Bruno Ganz, Allemagne, 1993.

- *La Bataille de Tchernobyl*, film documentaire de Thomas Johnson, France, 2006.

- *La 11e heure, le dernier virage*, film documentaire de Nadia Conners et Leila Conners Petersen, États-Unis, 2007.

- *Nous resterons sur terre*, film documentaire d'Olivier Bourgeois et de Pierre Barougier, France, 2009.

- *Gorbatchev-Védrine : une histoire inédite du Mur*, film documentaire de Stéphane Paoli, France, 2009.

- *Les Derniers jours de l'URSS*, film documentaire de Jean-Charles Deniau, France, 2011.

- *Mikhaïl Gorbatchev, simples confidences*, film documentaire de Gulya Mirzoeva, France, 2011.

Votre avis nous intéresse !
Laissez un commentaire sur le site de votre
librairie en ligne et partagez vos coups de cœur sur
les réseaux sociaux !

ISBN ebook : 978-2-8062-6450-3
ISBN papier : 978-2-8062-6451-0
Dépôt légal : D/2015/12603/205
Photo de couverture : *Gorbatchev à son discours final, en tant que Secrétaire Général du Comité Central du Parti Communiste de l'Union Soviétique, le 6 mars 1986. Photo prise par Yuryi Abramochkin © RIA Novosti archive /La photo reproduite est réputée libre de droits*

Conception numérique : Primento, le partenaire numérique des éditeurs